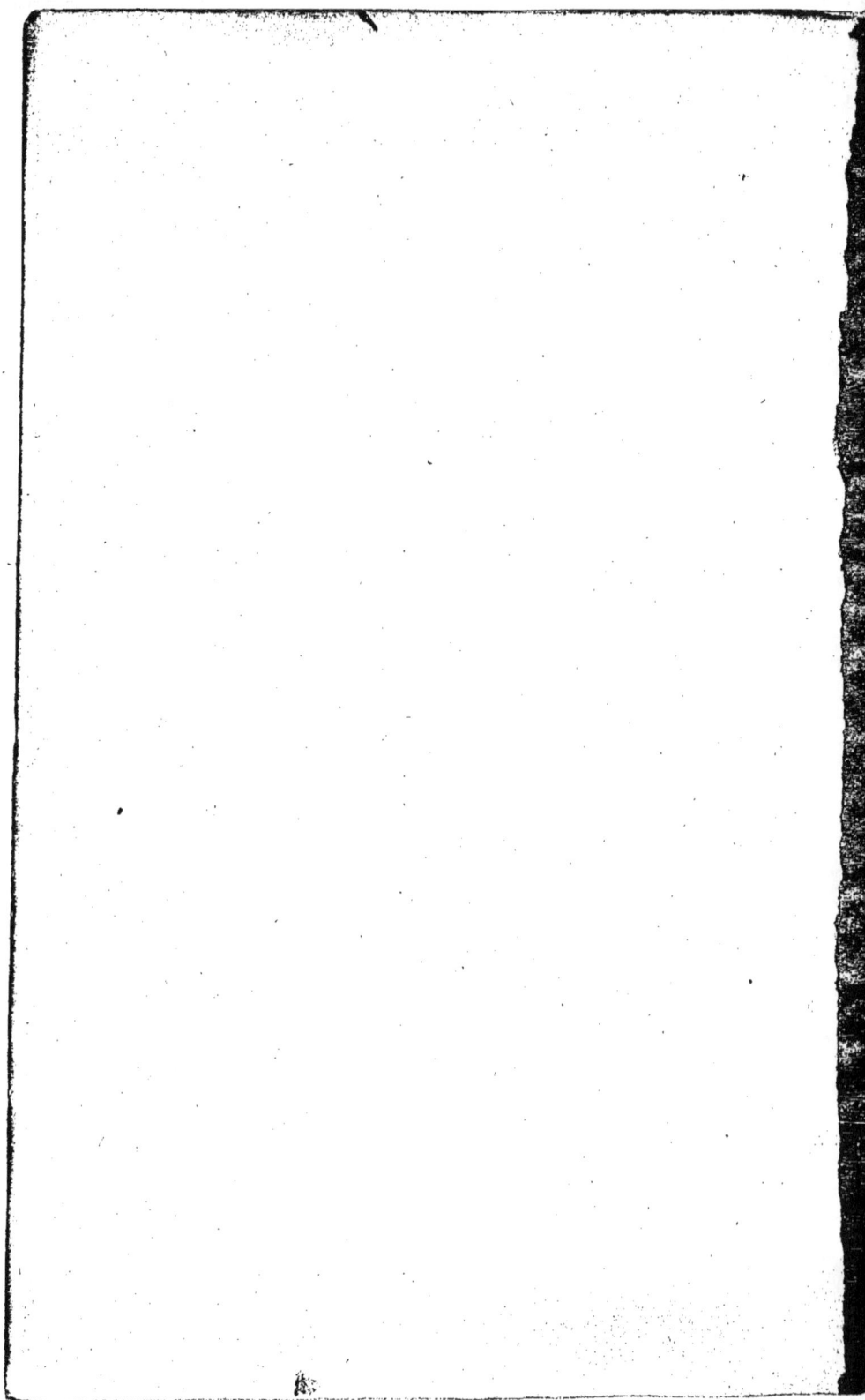

clients atteint de pleurodynie, en lui remettant sa pres-
cription. Au lieu de se procurer l'emplâtre prescrit, le
malade appliqua l'ordonnance et en retira, malgré tout,
un grand soulagement.

Un capitaine de navire perclus et podagre, retenu depuis plusieurs semaines dans son fauteuil, se lève et s'en-
fuit précipitamment en entendant pousser derrière lui le
cri : « Au feu ! »

Une jeune fille de 18 ans à qui on avait prescrit un
purgatif pour lequel elle éprouvait une très grande répu-
gnance, rêva pendant son sommeil qu'elle prenait le mé-
dicament abhorré, et eut cinq à six selles faciles à son
réveil[1].

Un moine qui devait se purger le lendemain rêva qu'il
venait de prendre sa médecine, et se réveilla pour satis-
faire à des sollicitations naturelles pressantes : il eut huit
garde-robes abondantes[2].

La disparition des verrues sous l'influence de la confiance et de l'attente est un fait bien connu. « La guérison
des verrues par les sortilèges de la plus vulgaire espèce
rentre dans la catégorie des faits réels, quelle que soit
l'explication qu'on en donne[3] ». Combien avez-vous de
verrues ? demande un jour un Monsieur, qui n'était pourtant pas un charmeur, à la jeune fille d'un chirurgien dont
il avait remarqué la main toute déformée. — Une douzaine
environ. — Comptez-les, dit-il ; il note solennellement

---

[1] *Bibliothèque choisie de Médecine*, tom. VI, pag. 84.

[2] Demangeon ; *loc. cit.*

[3] Carpenter ; *Human Physiology*, pag. 984.

hommes honorables. Les faits existent; l'interprétation est erronée. Les convictions religieuses sont profondément respectables, et la vraie religion est au-dessus des erreurs humaines. »

Il faudrait des volumes pour dire l'innombrable série des pratiques diverses qui ont été successivement appliquées à la guérison des maladies à travers les siècles. A l'antiquité appartient l'histoire des devins, mages, prêtres, pythonisses, sibylles, qui tous avaient leurs temples somptueux et tiraient leurs inspirations des dieux.

Avec le christianisme, l'extase prophétique s'éloigne des temples délaissés : le Diable désormais entre en scène. Du xiie au xviie siècle, son culte fait des progrès inouïs et, malheureusement aussi, d'innombrables victimes[1]. Puis, battue en brèche à son tour, la dynastie diabolique s'écroule progressivement, tandis qu'apparaissent et grandissent sur ses ruines, comme autant de royautés antagonistes, une foule de guérisseurs fameux, dignes émules des rois de France, dont le simple toucher opérait depuis le xiie siècle les plus surprenantes guérisons.

Greatrakes, le prêtre Gassner[2], le prince-abbé de Hohenlohe, figurent au premier rang de cette foule de thaumaturges étranges.

Les guérisons au tombeau du diacre Pâris au commencement du xviiie siècle, celles de Knock en Irlande, et de nos jours celles du père Mathews, du paysan toucheur

---

1 Voy. Ch. Richet; *L'Homme et l'Intelligence.* Paris, 1884.
Paris, 1881.

2 Louis Figuier ; *Histoire du merveilleux dans les temps modernes.*

des environs de Saumur, du zouave Jacob, continuent
dignement la série des guérisons réputées miraculeuses
et fournissent la consécration la plus éclatante au prin-
cipe de l'influence de l'imagination sur l'état somatique.

La médecine de Mattei, la médecine homéopathique,
n'ont point d'autres vertus que celles que leur prête la
foi des incurables ou des névropathes, pour qui la médecine traditionnelle ne fait point de progrès. Cependant,
s'il est vrai qu'on ne saurait se demander sérieusement
quelle peut bien être l'action d'une centième dilution
homéopathique, il serait peu loyal de nier que les ho-
méopathes obtiennent parfois chez l'adulte de réels succès. Sir John Forbes[1] attribue la plus large part de ces
succès à la puissance curative de la nature, cette *vis me-
dicatrix naturæ* que le médecin ne doit jamais oublier
ni surtout entraver. Mais l'éminent médecin anglais
croyait aussi que l'influence de l'imagination « doit être
comptée parmi les moyens nouveaux inhérents à l'exercice d'une nouvelle méthode de guérir ». Nul doute que
cette explication ne soit la vraie.

*
* *

Il est donc bien établi que les émotions violentes, la
foi religieuse vive, les causes morales de tout ordre,
peuvent dissiper des troubles fonctionnels graves et
réaliser des guérisons. Aussi semble-t-il étrange que,
soit parti pris, soit dédain, les médecins aient si long-

---

[1] *Nature and Art in the cure of diseases.*

J. VILLETTE

UN PROCÈS

ENTRE

UN CHIRURGIEN ET DES MÉDECINS SEDANAIS

EN 1646

SEDAN

IMPRIMERIE ÉMILE LAROCHE

22, RUE GAMBETTA, 22

1902

J. VILLETTE

UN PROCÈS

ENTRE

UN CHIRURGIEN ET DES MÉDECINS SEDANAIS

EN 1646

SEDAN
IMPRIMERIE ÉMILE LAROCHE
22, RUE GAMBETTA, 22

1902

(Extrait de la *Revue d'Ardenne et d'Argonne*)

Novembre-Décembre 1902.

UN PROCÈS

ENTRE UN CHIRURGIEN & DES MÉDECINS SEDANAIS

EN 1646

Les médecins et les chirurgiens formaient autrefois des collèges bien distincts. Dès le moyen âge, les docteurs en médecine, imbus des préjugés qui représentaient comme humiliant tout travail manuel, avaient abandonné les opérations chirurgicales à des praticiens qu'ils regardaient, d'ailleurs, comme de simples manœuvres soumis à leur surveillance. S'ils dédaignaient de manier l'instrument, ils entendaient pourtant que l'opération se fît sous leur direction éclairée.

Les chirurgiens, réduits à ce rôle subalterne, tombèrent fatalement à un rang inférieur. Ils tentèrent de secouer le joug, mais la Faculté, pour enrayer leur ambition, imagina de les déconsidérer par une association qu'elle jugeait humiliante : elle obtint du roi, en 1613, des lettres-patentes qui les réunissaient en une seule et même corporation avec les barbiers.

On comprend dès lors combien la situation sociale du docteur en médecine et celle du chirurgien étaient dissemblables. Tandis que le premier jouissait d'une haute estime et entretenait sa grande réputation de savoir par ce langage prétentieux, orné de citations grecques et latines, ridiculisé par Molière, le chirurgien, lui, attendait modestement les clients dans sa boutique ; il partageait avec les barbiers-perruquiers le droit de faire la barbe, le rasoir étant classé parmi les instruments de chirurgie ; mais comme le barbier avait le privilège d'accommoder les perruques, pour les distinguer l'un de l'autre par des marques extérieures, le maître en chirurgie était autorisé à suspendre à sa devanture des bassins de cuivre jaune et à peindre son vitrage en rouge ou en noir, tandis que le barbier avait des bassins blancs d'étain et peignait sa boutique en d'autres couleurs.

Cependant, en dépit des ordonnances, la corporation des

chirurgiens ne se tint pas pour battue et continua la lutte contre l'orgueilleuse Faculté. Leur longue querelle, qui n'a réellement pris fin qu'à la Révolution, se traduisait par des cabales, des intrigues, des procès passionnés, même par des scènes violentes dont l'Université de Paris fut le théâtre.

Cet état de choses eut son écho dans la principauté de Sedan au milieu du dix-septième siècle. Un procès retentissant s'y est plaidé dans des circonstances que l'on va connaître d'après quelques pièces de la procédure existant encore aux archives de l'ancien bailliage et d'après des factums que les parties en cause firent imprimer à ce propos.

Sedan avait alors un chirurgien du nom de Jean Charpentier. C'était un enfant du pays (1). Intelligent non moins qu'ambitieux, le rôle restreint de chirurgien lui parut insuffisant et il prétendit donner des soins médicaux à sa clientèle sans pour cela renoncer aux opérations. Après s'être assuré que son projet avait l'agrément du prince souverain, le duc de Bouillon, il se rendit devant la Faculté de Montpellier, pendant l'année 1640, afin d'y prendre ses grades de docteur en médecine. Mais le despotisme des régents et l'esprit étroit de leurs règlements n'admettaient point de telles visées chez un chirurgien ; on le chassa honteusement et il dut aller jusqu'en Espagne demander à l'Université de Valence ses lettres de doctorat. Au retour de son voyage et sur la justification de son nouveau titre, le duc de Bouillon signa enfin le décret qui lui permettait d'exercer à la fois les *arts libéraux* et les *arts méchaniques*.

Cependant l'autorité du prince pouvait-elle aller jusque-là, alors qu'un tel cumul était en contradiction avec les ordonnances et des principes séculaires ?

Il va sans dire que le corps médical sedanais ne fut point de cet avis. Pourtant, par respect pour la décision du souverain, la docte compagnie commença par ronger son frein en silence. Mais, quelques années après, comme Charpentier lui faisait une concurrence sérieuse et que la principauté était passée des mains du duc de Bouillon en celles du roi de France, elle jeta les hauts cris et déclara que les règlements étaient odieusement violés.

(1) Baptisé au temple de Sedan le 3 septembre 1600, il était fils de Daniel Charpentier, serger, et de Barbe Barre, qui appartenaient à la religion réformée comme la plupart des Sedanais d'alors. (*Registres des baptêmes de l'Eglise réformée de Sedan*).

L'affaire, portée devant le marquis de Fabert, gouverneur des terres souveraines, au mois d'avril 1646, allait peut-être s'arranger, lorsque Charpentier, pour justifier sa conduite, s'avisa de publier un petit livre fort peu respectueux pour la Faculté. Toute transaction devenait désormais impossible.

Avant de suivre le débat sur le terrain judiciaire, il convient de dire un mot de cet opuscule intitulé *Discours de la Réunion de la Médecine et de la Chirurgie,* dans lequel l'auteur, se plaçant au-dessus des préjugés régnants, démontrait la nécessité de ramener l'unité dans l'art de guérir et faisait ressortir ce qu'il y avait d'illogique à séparer aussi radicalement la chirurgie de la médecine proprement dite (1).

* *

Le *Discours* débute par cette grave sentence qui résume, aux yeux de Charpentier, tout l'art médical : « Vulcain et Minerve doivent loger ensemble et les conseils d'Ulysse estre joints aux exécutions de Diomède ».

Il faut, comme l'a dit Hippocrate, que la médecine marche sur les deux jambes : la Raison et l'Expérience. Aussi, malgré la doctrine contraire et surannée de la Faculté, l'auteur a-t-il mis ce précepte en pratique et, « pour arriver à la perfection de sa profession, a-t-il pris le meilleur chemin en étudiant d'abord la chirurgie, qui traite des maladies sensibles et externes, pour parvenir ensuite à la connoissance des internes et plus obscures » qui font l'objet de la médecine.

C'est qu'en effet la chirurgie fait connaître les secrets de l'anatomie, et la connaissance de ces secrets est l'introduction naturelle et nécessaire à l'étude de la médecine (2). Il a consacré,

(1) *Discours de la Réunion de la Médecine et de la Chirurgie, par Jean Charpentier, docteur en médecine et maistre chirurgien. A Sedan, par Jean et Pierre Jannon, imprimeurs de l'Academie, 1646, in-4°.* — L'exemplaire porté au catalogue de la Bibliothèque nationale sous la cote T¹⁸, 39, est égaré ; à défaut d'autre exemplaire, nous résumons cet opuscule rarissime d'après les citations nombreuses qu'en donnent deux plaquettes, non moins rares, qui le réfutent et dont il sera question plus loin.

(2) L'anatomie humaine était une science de date récente. Pendant le moyen âge, l'Eglise avait interdit d'ouvrir aucun corps humain sous quelque prétexte que ce fût, un tel acte étant regardé comme une profanation ; en sorte que ceux qui voulaient se rendre compte de la disposition des organes, de leur structure et de leur fonctionnement, étaient obligés de s'en tenir à la dissection d'animaux et de conclure de ceux-ci à l'homme. La Faculté de médecine de Montpellier, la plus célèbre de France, inaugura son premier amphithéâtre d'anatomie en 1556 ; la Faculté de Paris n'eut le sien qu'en 1604.

lui-même, « un zèle et une chaleur incomparables » à l'anatomie et à la chirurgie, et il en a donné tant de preuves que
ce serait vraiment faire tort au public que de lui en interdire
l'exercice.

Au surplus, son mérite comme médecin n'est pas moindre
puisque ses confrères lui laissent l'option entre les deux
professions. Mais on ne lui imposera pas cette alternative.
Lorsque le roi a pris possession de Sedan, il a entendu maintenir
ses nouveaux sujets dans l'exercice paisible de leurs charges.
Pourquoi le dépouillerait-on, lui seul, des droits qu'il tient de
l'ancien souverain ?

Il se lamente de voir les docteurs ignorer et mépriser les
opérations. Les régents de la Faculté eux-mêmes manient le
scalpel avec une telle gaucherie qu'ils sont semblables à des
« corps estropiés » ou à des « pécores ».

Ils ont préféré abandonner la chirurgie entre les mains estrangères de petits
barbiers, d'estuvistes (1), de gens ignorans et sans lettres, et ayant quitté le
plus beau de leur héritage il ne leur est demeuré que des espines et des char-
dons. Après avoir ainsi donné congé aux opérations, ils se contentent de cajoler
en chaire de ce qu'ils ne sçavent pas et osent enseigner ce qu'ils n'ont jamais
appris, aimant mieux sembler doctes que de l'estre en effet. Et s'il est question
d'en escrire, ils suivent le pas de ceux qui ont escrit devant eux, *pecorum ritu
sequuntur antecedentem gregem*, et faute d'expérience *pergunt non quà eundum
est sed quà itur;* à la façon des bestes ils suivent celle qui va devant le troupeau
et vont tousjours non pas par où il faut aller mais par où on va.

Abordant le nœud de la question, Charpentier se demande si
la médecine et la chirurgie sont vraiment incompatibles et si
un praticien, muni des grades voulus, ne peut les exercer
conjointement.

Bien loin d'être incompatibles, elles ne vont pas l'une sans
l'autre, car « il est impossible de séparer ce que Dieu et la Nature
ont conjoint ». L'art chirurgical est incomplet sans la connaissance de la médecine et même « les maladies externes dépendant
des internes, tout chirurgien devroit estre nécessairement
médecin ». Ses soins aux malades seraient bien plus éclairés,
sans parler de l'économie résultant pour le client de n'avoir
« à payer qu'à un seul ».

Avec ce fâcheux divorce entre ceux qui exercent l'art de

(1) Les baigneurs-étuvistes pouvaient pratiquer, concurremment avec les chirurgiens et les
barbiers, les saignées et autres opérations de petite chirurgie dite *chirurgie-ministrante.*

guérir, « l'un sçait la maladie et ignore la façon du remède et l'autre sçait le remède mais ignore la maladie ». Si l'on consulte un docteur pour une blessure, il arrivera que n'ayant ni la pratique ni l'expérience, il fera des prescriptions « hors de saison » et augmentera ainsi le mal. On l'a bien vu avec la blessure que le marquis de Roquelaure a reçue à la bataille de la Marfée en 1641 (1). Deux docteurs fameux de la Faculté de Paris, M. Pallu, médecin du comte de Soissons (2), et M. Pajot, médecin du duc de Guise, appelés pour lui prêter secours, s'en sont si mal tirés que Charpentier a dû les sortir d'embarras et leur montrer « que les plaies n'estoient pas viandes à médecin ».

Enfin, le *Discours,* qui ne brille pas par la modestie, se termine par quelques appréciations flatteuses de l'auteur sur ses propres talents et sur l'étendue de ses connaissances.

*
* *

L'apparition de ce factum devait produire son effet. On va voir à la suite de quels incidents le différend fut porté en justice ; les conclusions prises par les médecins devant le bailli, M. de Réal (3), nous renseignent à cet égard, mais en présentant l'affaire sous un jour très favorable à leur cause, bien entendu.

Notons, en passant, que les docteurs Daniel Villain et Abraham Duhan, ce dernier professeur de philosophie à l'Académie, paraissent s'être séparés de leurs confrères et sont restés étrangers au débat.

(1) Gaston-Jean-Baptiste, marquis puis duc de Roquelaure (1617-1676), surnommé *l'homme le plus laid de France,* mais en revanche l'un des plus braves et des plus spirituels gentilshommes de son temps, était capitaine dans l'armée du maréchal de Châtillon au combat de la Marfée, près de Sedan, le 6 juillet 1641, où il fut grièvement blessé et fait prisonnier avec les troupes du maréchal. L'année suivante, il s'est distingué à la bataille de Honnecourt, puis, plus tard, aux sièges de Gravelines, Bourbourg et Courtrai ; il a contribué à la conquête de la Franche-Comté (1668), à celle de la Hollande (1671) et mourut duc et pair et gouverneur de la Guyenne.

(2) Victor Pallu, seigneur du Ruau-Percil, né à Tours en 1604, attaché de bonne heure à la maison du comte de Soissons, a suivi ce prince dans sa retraite à Sedan en 1636, et était présent à ses côtés lorsqu'il périt à la Marfée. Ce tragique événement impressionna tellement Pallu qu'il se voua à la vie religieuse et entra à Port-Royal-des-Champs où il est mort en 1650. On a de lui divers écrits.

(3) Daniel de Guillon, seigneur de Réal (près Pontoise), né vers 1600, a rempli les fonctions de bailli à Sedan de 1635 jusqu'au 31 décembre 1654, date de sa mort. (Voir sur sa famille les notes que nous lui avons consacrées dans nos études sur un *Duel à Sedan en 1629* et le *Passage de l'armée de Condé à La Chapelle en 1672).*

A Monsieur le Bailly de Sedan ou vostre Lieutenant,

Anthoine de Beaufort (1), Jean Poiblanc (2), Jean Poilblanc fils (3), et David Hamal (4), tous docteurs en médecine, demeurans en ceste ville de Sedan, demandeurs en crime et délit, le Procureur général du Roy joint ;

Contre le sieur Jean Charpentier, demeurant en ceste ville de Sedan, se disant docteur en médecine et maistre chirurgien, défendeur et accusé, suivant votre ordonnance apposée en suite des informations faictes à leur requeste, en date du 14e juin an présent 1646 ;

A ce que leurs fins et conclusions prises en la fin des présentes leur soient adjugées et que led. Charpentier soit condamné en tous les despens du procès, sauf à Monsr le Procureur général de prendre telles conclusions que bon luy semblera pour la satisfaction et réparation du public ;

A ces fins doncques, vous représenteront, Monsieur, l'affaire dès sa source et vous diront qu'il y a quelque temps les médecins de ceste ville s'estans rencontrés chez Nicaise Lefebvre, maistre apothicaire (5), avec Messieurs du Conseil Souverain (6), à la démonstration que faisoit alors ledit Lefebvre des médicamens pour la dispensation de la thériaque (7) et de la confection

(1) Son aïeul, *François de Beaufort* (né vers 1545 † av. 1597), hugenot réfugié, vers 1570, à Sedan, y devint l'apothicaire attitré des princes souverains du lieu, Henri-Robert et Guillaume-Robert de La Marck, ducs de Bouillon ; il y a épousé Poncette Ducloux, fille du bailli Jean Ducloux, dont il eut *Jean* (bapt. 29 déc. 1577 † 1618), médecin du prince de Condé, marié à Sedan, le 24 oct. 1604, à Madeleine Beschefer, fille de Pierre Beschefer, sieur de Villers-Mahu (aujourd'hui ferme importante située près de Suzanne, cant. de Tourteron), ancien procureur général de la Souveraineté de Raucourt. C'est de cette dernière union qu'est né le docteur *Antoine* de Beaufort. Baptisé le 11 oct. 1605, celui-ci alla d'abord exercer la médecine au Mont-de-Jeux (com. de Saint-Lambert, cant. d'Attigny) dès 1628 ; revint à Sedan vers 1633 où le duc de Bouillon l'attacha à sa maison ; fit la campagne de Piémont (1640-1642) comme médecin dans l'armée du comte d'Harcourt, puis rentra définitivement dans sa ville natale où il obtint peu après le titre de médecin du roi. Il y mourut en 1658. Il avait épousé successivement Esther Canelle († 1636), et Marie de La Roche. (*Reg. des bapt., mar. et sépult. de l'Egl. réf. de Sedan. — Minutes des notaires, etc.*).

(2) Jean Poilbanc (bapt. au temple de Sedan le 11 septembre 1583 † 31 mai 1659), époux de Philippe Desmoulins, a pratiqué son art pendant plus de cinquante ans. Son père, *Jean P.* (né vers 1540 † après 1605), chirurgien de Melun, marié à Denise Vivier, avait émigré, à l'époque de la Saint-Barthélémy, à Sedan où il est devenu le chirurgien ordinaire du duc de Bouillon. (*Ibid.*)

(3) Fils du docteur Jean Poilblanc-Desmoulins qui précède. En 1660, il reçut le titre de « conseiller et médecin ordinaire du Roi ». De son mariage, en 1645, avec Marie Ostome, fille de Jacques Ostome, greffier au bailliage des Souverainetés de Sedan et de Raucourt, il eut deux fils : *Louis*, également docteur en médecine (dès 1683) et *Jean*, avocat au présidial de Sedan, qui ont émigré après la révocation de l'Edit de Nantes. (*Ibid.*)

(4) Né à Sedan, en 1611, de Lambert Hamal, marchand brasseur, et d'Elisabeth Cousin. Il était le gendre du docteur Jean Poilblanc-Desmoulins par son mariage avec *Suzanne P.*, célébré le 14 août 1633. Il est mort le 28 déc. 1646. — Les deux autres filles du docteur Poilblanc ont épousé, l'une, *Marie*, en 1640, Me Louis Alexandre, avocat en parlement ; l'autre, *Louise*, en 1648, l'apothicaire Barthélémy Barthélémy. (*Ibid.*)

(5) Né vers 1610, était fils de Claude Lefebvre (né à Rouen vers 1560 † 13 oct. 1636), également apothicaire à Sedan dès 1597 où il a épousé Françoise de Beaufort, tante du docteur Antoine de Beaufort. (*Ibid.*)

(6) Juridiction supérieure qui jugeait en appel les causes du bailliage.

(7) Electuaire considéré comme souverain contre tous les venins et poisons. On en a fait usage depuis les temps les plus reculés jusqu'à nos jours. C'est le plus composé de tous ceux que nous a légués l'antiquité et sa « dispensation » ou préparation, passait pour être la plus délicate de toutes. La formule originale qu'en a donnée Galien était beaucoup plus complexe encore que celle du Codex français qui pourtant ne fait pas entrer moins de soixante substances ou médicaments différents dans sa composition. Autrefois le collège de pharmacie de Paris se réunissait à une certaine époque et présidait avec un cérémonial particulier à la préparation de ce remède célèbre entre tous, qui était ensuite distribué moyennant finance aux pharmaciens.

d'Alchermes (?) lesdits médecins représentèrent à Messieurs du Conseil qu'il se commettoit des abus contre les reiglemens establis en ceste ville touchant la Faculté de médecine, la chirurgie et la pharmacie. A quoi Messieurs du Conseil dirent qu'il falloit y tenir la main et qu'en cas de contravention ils feroient justice.

C'est ce que les médecins ont tâché de faire. S'estans assemblez pour ce sujet, ils ont trouvé que Charpentier estoit celui qui y apportoit la plus grande confusion, exerçant la médecine avec sa chirurgie. Lequel ayans adverty de se soubmettre aux reiglemens, leur fit responce que ses grades et le décret de l'ancien Prince Souverain lui donnoient le droit d'exercer les deux professions ensemble et que qui que ce soit ne l'empêcheroit de continuer.

Mais comme l'ordonnance du mesme Prince et de tous les autres porte que les décrets qui ont esté obtenus par subreption ou obreption pourront estre débattus et impugnez, lesd. médecins ont cru devoir se retirer pour ce sujet par devers M. de Fabert, gouverneur de ces Souverainetés, auquel ils présentèrent très humble requeste afin de leur estre sur ce pourveu et remédié.

Sans attendre sa décision, Charpentier, pour sa justification et estaler ses raisons, auroit fait imprimer un livret soubs le tiltre de *la Réunion de la Médecine et de la Chirurgie*, lequel il présenta à Mond. Sieur le Gouverneur qui, aimant l'ordre et la paix, lui auroit, de sa grâce, proposé un accord à la vérité trop advantageux pour luy et qui à un autre qu'à un fort mal advisé, devoit estre reçeu pour définition et décision.

Les médecins ayans considéré ce livret et recognu qu'il insultoit et calomnioit tous les médecins en général, résolurent de se retirer encore par devers M. le Gouverneur ; vers lequel Maître Anthoine de Beaufort s'estant transporté, il l'auroit très humblement supplié de se souvenir de leur requeste; à quoi Mond. Sr le Gouverneur luy auroit déclaré que l'affaire estoit arrangée et que Charpentier avoit opté pour la médecine ; dont et de quoi led. de Beaufort fit son rapport aux autres médecins joints et travaillans ensemble à lad. réformation.

Et comme, le mesme jour (1), il s'en retournoit chez soi, il rencontra le Sr Poilblanc fils qui lui fit quelques pas de conduite. En tournant au coing de l'Aigle d'or (2), ils virent led. Charpentier accompagné des chirurgiens Abraham Bauda et Abraham du Cloux. Aussitôt Charpentier les attacqua de paroles : « Hé bien, Messieurs, mordieu ! quand voulez-vous me faire opter ? » Maître de Beaufort luy ayant respondu doucement que M. le Gouverneur venoit de luy dire que l'affaire estoit accommodée et qu'il avoit opté, Charpentier s'écria avec fureur que cela estoit faux et que les paroles de M. le Gouverneur seroient fourbes ; disant que personne du monde ne luy feroit rien faire en cela, et que, mort Dieu, il leur feroit plustost perdre la vie à tous quatre, désignant par là les Srs Poilblanc père et Hamal, absens de la querelle.

Et sur ce que Me de Beaufort lui répliquoit que M. le Gouverneur et Messieurs du Conseil Souverain leur feroient justice, Charpentier s'écria par plusieurs fois : « Mort et je renie Dieu ! qui que ce soit ne me fera opter et j'en iray plustost au Consell du Roy. » Et en suitte se prist particulièrement aud. Poilblanc fils

(1) Ces faits se passent le 2 mai 1646.
(2) L'hôtellerie de l'Aigle d'or, située à l'angle des rues Gambetta et Saint-Michel, sur l'emplacement actuel de la maison de Mme Louis Bacot.

qu'il traita de jeune veau, d'asne qui ne sçavoit parler latin ; et du fils vint au père lequel il appela, à de nombreuses reprises, j... f..., oignon et ciboulette, disant à Poilblanc fils qu'il estoit fils d'oignon ; tantost se gaudissant sur ses injures et impropretés, tantost jurant et blasphémant le saint nom de Dieu ; et par ses juremens, blasphèmes et menaces faisoit assembler beaucoup de monde. Et disoit hautement : « Mort Dieu, j'ay fait un livre qui est en lumière, qui est-ce de vous autres qui pourroit mettre la main à la plume pour y respondre ? Il vous faudra chercher bien d'autres escrivains. Vous n'estes que des lasches et vous ne valez rien, je vous défie tous quatre. » Et haussant la main, sembloit qu'il les vouloit battre.

Ce qui fist retirer lesd. Beaufort et Poilblanc afin d'apaiser ce scandale... Lesquels ayant aperceu M. le Gouverneur sur la place de ceste ville, accompagné de Vous, Monsieur le Bailly, et de M. de Santeuil, conseiller, s'adressèrent à lui, demandant justice. A quoi Mond. Sr de Fabert fit les plus sévères remonstrances aud. Charpentier, avec défense expresse de ne plus jamais rien entreprendre à l'encontre des demandeurs, après lui avoir fait assez entendre sa faute...

Mais dès le lendemain, environ les sept heures du matin, Charpentier fit bien voir que le repentir ne suivoit point ses outrages. A laquelle heure Me de Beaufort estant sorty de son logis pour vacquer à ses affaires et estant vers le logis dud. Bauda, en la grande rue (1), Charpentier, luy haussant le poing, luy dit plusieurs fois : « Renégat, renégat, je te ferai percer la langue » (2), et réitéra si hault ce mot de renégat que toutes les femmes de la rue estantes esmeües, il les incita presques à se jeter sur luy pour l'accabler. Et comme led. Beaufort, espouvanté de voir encore telle tempeste, vouloit se retirer, il le poursuivit en criant : « Tu finiras malheureusement comme ton père ; il a eu une mort malheureuse et honteuse, tu feras de même ». Et ce jour-là, Charpentier fit autant de cas des paroles de M. le Gouverneur qu'il avoit fait auparavant de ses propositions si advantageuses, foulant aux pieds, par un suprême degré d'ambition et d'audace, le respect et l'observance qu'il debvoit à l'honneur et à l'authorité des commandemens de Celui qui nous représente icy la personne du Roy.

Ce sont là, en somme, les principaux moyens qui ont obligé, Monsieur, les demandeurs à intenter la présente action en crime et délict à l'encontre dud. Charpentier, défendeur, suivant qu'ils estiment les avoir suffisamment justifiez par les informations faites à leur requeste (3) et desquels ils attendent de vostre justice un très juste chastiment...

De tout ceci naissent deux sortes de matières : l'une touchant la confusion en la profession de la médecine, l'autre touchant les injures.

Pour la confusion que Charpentier met en la médecine et chirurgie, et d'autant que pour l'authoriser et la valider, il a fait imprimer son livret intitulé

(1) Aujourd'hui rue Gambetta.
(2) Antoine de Beaufort avait abjuré récemment la religion réformée. Depuis la cession de la Souveraineté de Sedan au roi de France en 1642, les conversions au catholicisme, encouragées par le nouveau gouvernement, étaient devenues assez fréquentes.
(3) Ces enquêtes, où de nombreux témoins ont été entendus, sont du mois de juin. Elles portaient non seulement sur les scènes ci-dessus relatées, mais encore sur des faits constituant à la charge de Charpentier des fautes professionnelles que l'on connaîtra tout à l'heure.

La Réunion de la Médecine et de la Chirurgie, le Sr de Beaufort en a fait imprimer un autre pour le réfuter ; lesquels livrets il produit au procès. Néantmoins, il fait icy remarquer un discours particulier du livre du défendeur, qui est aux pages 19 et 20, où il est dit que les médecins ont abandonné la chirurgie à des barbiers, des estuvistes, des gens ignorans et qu'ayans donné congé aux opérations, ils se contentent d'enseigner ce qu'ils n'ont jamais appris... Or tous ceux qui ont suivi les leçons des professeurs à Paris sçavent que Messieurs de la Faculté y·font eux-mesmes, en enseignant, les opérations de chirurgie et qu'ils font et monstrent jusques aux bandages...

C'est donc une fausse supposition de Charpentier de dire qu'ils ne font point les opérations, et une calomnie d'appeler les gens les plus doctes du monde ignorans et semblables à des pécores ; ce qui mérite une réparation générale et la suppression et lacération d'un livre rempli d'inventions mensongères et d'injures atroces contre des médecins de qualité si éminente.

Or contre ceste confusion, les demandeurs produisent le reiglement donné en cest Estat en l'année 1609, le 26e janvier, qui ordonne qu'un chacun demeure en sa profession afin que le public en soit mieux servy et pour éviter aux confusions et désordres qui s'en ensuivent autrement ; lequel reiglement Charpentier veut anéantir par un décret obtenu subrepticement, dont les demandeurs requièrent la cassation en vertu de l'article 470 de l'Ordonnance de ces Souverainetés qui permet de se pourvoir contre tels décrets obtenus par surprise comme est celuy-cy qui confond les deux professions en une contre toutes les reigles de la médecine et contre tout ordre et raison.

Pour ce qui regarde les injures, il faut considérer la qualité de celuy qui injurie et celle de ceux qui sont injuriés... Or pour ce que Charpentier est de ceste ville et qu'il est assez cognu pour sa naissance, les demandeurs se contenteront de rappeler qu'il a grande inclination à la mesdisance veu qu'il a desja esté appelé autresfois en justice, condamné en l'amende, mis en prison et fait réparation d'honneur aux personnes offensées, et que, d'abondant, défenses lui auroient esté faictes d'y récidiver sur peine de punition corporelle, comme il se voit par la sentence icy produite au procès, en date du 22e décembre 1623, confirmée en partie par arrest du 25e décembre audit an.

Pour la qualité de ceux qui ont esté si outrageusement injuriés, le Sr Poilblanc père, son fils et son gendre sont assez cognus en ceste ville pour estre de très bonne famille, de grande capacité en leur profession et de très bonne réputation. Et quant auxd. de Beaufort, tant père que fils, leurs maison et alliances sont nobles et appartiennent à quantité de gentilshommes et aux principaux qui exercent les charges de magistrature dedans la Champagne, à Ste-Menehould, Vitry, Chaalons (1), Rheims et Rethel. Led. Beaufort père estoit, de son vivant,

(1) La famille maternelle d'Antoine de Beaufort, les *Beschefer*, a formé, en effet, des branches à Vitry, à Châlons-sur-Marne et à Sainte-Menehould. Dans cette dernière ville on trouve : *Jean* Beschefer, notaire dès 1481 ; puis l'avocat *Nicolas B.*, l'un des rédacteurs de la Coutume de Sedan, en 1568 ; le frère de celui-ci, *Pierre B.*, docteur en médecine, se réfugia, vers 1570, à Sedan où sa fille Elisabeth épousa, en 1577, l'orfèvre Pierre Brisebarre, tandis que son fils *Pierre*, sieur de Villers-Mahu, devenait procureur-général de la Souveraineté de Raucourt dès 1584 et, quelques années plus tard, secrétaire de la duchesse de Bouillon. Ce dernier est l'aïeul du docteur de Beaufort. — La branche de Vitry, qui avait également embrassé le protestantisme, passa partie en Angleterre et partie en Prusse à la révocation de l'Edit de Nantes. Un de ses descendants devint, au milieu du dix-huitième siècle, lieutenant-général dans l'armée prussienne et chevalier de l'Aigle-Noir. — Enfin, les Beschefer de Châlons.

conseiller et médecin de Monseig^r le prince de Condé, et led. Sr Beaufort fils a esté à Monsr de Bouillon ; qui sont autant de preuves de leur capacité en leur profession et de la dignité de leur vie et mœurs...

Quant aux injures adressées aux Srs Poilblanc, il a appelé le père j... f... (sauf vostre respect, Monsieur) et, tant le père que le fils, asnes, chevaux de carosse, pendards, oignons, ciboulettes, fils d'oignons, à grand cri de voix et en carrefour, ce qui fut aussitost semé en toute la ville, car la mauvaise réputation se glisse insensiblement et tout à coup

> *Fama, malum quo non aliud velocius ullum,*
> *Mobilitate viget, viresque acquirit eundo* (1).

Et encore que ces paroles semblent estre peu de chose, néantmoins elles sont dites avec intention et ont leur but de beaucoup offenser, car il se fait des chansons en ceste ville dessus l'oignon et la ciboulette pour calomnier la réputation desd. Srs Poilblanc sous un discours supposé et faux ; lesquelles chansons ne peuvent estre que de la fabricque et invention de Charpentier qui est accoustumé d'en faire de semblable estoffe sur des bourgeois de la ville.

Quant à l'injure de renégat adressée au Sr de Beaufort, elle est si énorme et atroce qu'elle surpasse toutes sortes d'autres en la société des Chrestiens. Et se dit lorsqu'un Chrestien abandonnant la foy, la religion, la patrie, se rend avec les Mahométans et infidèles, reniant son baptême. Les Chevaliers de Jérusalem et les Chrestiens, lorsqu'ils peuvent prendre quelques-uns de ces abominables renégats, les font empaler tous vifs, ne croyans pas trouver un supplice assez rigoureux pour la punition de tel crime... Mais ceste monstrueuse parole est d'autant plus effroyable lorsqu'un grand Roy l'employe pour ameuter la populace, en plein carrefour, contre celui qui fait profession de la Religion du Roy mesme. Est-ce là le remerciement de la grâce qu'il a à Celui qui le laisse vivre dans une Religion diverse de celle du Roy ?

Ceste injure, dis-je, est la plus énorme et furieuse d'entre les Chrestiens, car celle de sorcier est d'une nature qui ne se peut bien définir. Messieurs du Parlement ne jugent pas que l'on puisse bien prouver la sorcellerie, mais celle de renégat est prise pour la plus abominable qui se puisse imaginer.

Se remarque aussy que Charpentier, après avoir dardé son venin contre les vivans, va jusques aux morts. Il déterre les os du père après avoir percé le fils de divers coups de langue envenimée, afin de les mordre par une rage effroyable. Il dit que la fin dud. Beaufort père a esté honteuse... Or il est à représenter de quelle sorte elle est survenue. Il y a vingt-huit ans, Monsieur, led. de Beaufort estant à cheval avec deux compagnons, proché de Vandestié, en Champagne, sur le chemin de Rheims, une grande tempeste survint tout à coup. Le Sr de Beaufort ayant dit aux autres qu'il falloit prier Dieu, le tonnerre tomba dessus l'un d'eux qu'il tua tout roide, ainsi que son cheval. Et alors led. de Beaufort

restés catholiques pour la plupart, comptaient plusieurs chanoines, notamment *Louis B.*, archidiacre de Joinville, mort en 1559, et *Jacques B.*, mort en 1616, inhumés tous deux dans la cathédrale. *Isaye B.*, conseiller du roi, lieutenant en l'élection de Châlons, a sa tombe, datée de 1606, dans l'église de Saint-Loup. Nous citerons encore *Germain B.*, conseiller et échevin et gentilhomme du duc d'Orléans au dix-huitième siècle. Son fils lui a succédé dans cette dernière charge. — Les Beschefer portaient : *De sable à deux étoiles d'argent en chef et une rose d'or en pointe.*

(1) Le bruit public, le plus prompt de tous les maux, se développe par sa rapidité même et accroît ses forces en se répandant.

sé jeta à terre et fut comme suffosqué de la fumée de la tempeste ; son cheval s'estant sauvé par les champs, le troisiesme compagnon l'alla requérir et lorsqu'il revint led. de Beaufort avoit cessé de vivre, bien que son corps ne portât aucune blessure ; mais il est certain que s'il avoit esté secouru par quelque saignée ou autre remède il ne fust point mort, selon le sentiment de plusieurs bons médecins...

Or ceste sorte de mort arrivant à des grands et petits et de toute sorte de qualité, en des Eglises, en des Temples, il ne s'est encore trouvé personne qui ait présigné une marque d'infamie, sinon Charpentier qui veut faire et dire plus que la Majesté divine elle-mesme dont les secrets sont incompréhensibles. Combien est-il à penser, Monsieur, que la vie du Sr de Beaufort estoit honneste et utile puisque sa mort a esté pleurée de Monseigr le prince de Condé, de toute la noblesse du pays et des honnestes gens, tant des villes que de la campagne, qui le cognoissoient. Néantmoins, vingt huict ans après il est attacqué par Jean Charpentier, de vile extraction, dont le poëte dit bien :

Rustica progenies, nescit habere modum (1).

Enfin, Monsieur, les demandeurs vous remonstrent que Charpentier ne sçauroit exercer la médecine. Son incapacité est pleinement justifiée par son livre qui prouve qu'il n'a la cognoissance ni de la philosophie ni de la science médicale. Outre ce, il y a son indignité veu qu'il a pendu et pend bassin et exerce encore l'art méchanique, ce qui est défendu par les loix et statuts et va à l'encontre du serment que prête le médecin de ne point faire le barbier ni fonction ordinaire de chirurgie tenant boutieque.

Son indignité résulte encore de sa mauvaise conscience et de sa témérité malicieuse dans l'exercice de sa profession, comme il se voit ès informations qui sont produites au présent procès...

Il ne reste plus aux demandeurs, Monsieur, qu'à prendre leurs fins et conclusions.

Et premièrement ils concluent à ce que le titre de docteur en médecine que prend led. Charpentier et l'exercice d'icelle lui soient interdits et que son livret soit déchiré et supprimé.

Et secondement, d'autant que les injures atroces proférées par lui sont récidive de calomnie et qu'elles sont plus énormes, monstrueuses, scandaleuses et séditieuses, avec désobéissance entière à M. le Gouverneur, les demandeurs concluent à ce qu'en réparation d'icelles il soit condamné à faire amende honorable au premier jour d'audience, le genoul en terre et teste nue, et à dire et déclarer que meschamment et témérairement il a proféré les injures mentionnées au procès ; qu'il en demande pardon à Dieu, au Roy, à justice et aux demandeurs et les tient pour gens de bien et d'honneur ; et en outre condamné à tenir prison trois fois vingt-quatre heures et ensuite banni de ces Souverainetés pour tel temps qu'il vous plaira, Monsieur, sauf à Messieurs les Gens du Roy de conclure pour l'amende ainsi qu'ils verront bon estre.

Cette requête fut signifiée à Charpentier le 25 juin. Les défenses qu'il fit rédiger en réponse par son procureur n'existent plus, mais d'autres pièces de la procédure indiquent que tout en

(1) Race vulgaire qui ne sait avoir de mesure.

réclamant énergiquement son maintien dans ses doubles fonctions de médecin et de chirurgien dont il avait acquis régulièrement les grades, il protestait hautement contre les imputations de mauvaise foi et de témérité professionnelle que l'on prétendait tirer des témoignages de l'enquête. Enfin, s'il a proféré des injures, c'est sur la provocation de ses adversaires dont les attaques inqualifiables et les froissements de toute sorte l'ont poussé à bout. Aussi se portait-il reconventionnellement demandeur en raison de « leurs agressions et irritations, source de la querelle » et réclamait-il, de son côté, une réparation d'honneur avec un châtiment exemplaire contre ses détracteurs.

*
* *

C'est au cours de cette procédure et avant les débats de l'audience que furent répandues dans le public, et en même temps versées au dossier du procès, les réponses des docteurs de Beaufort et Hamal au *Discours* de notre chirurgien. S'il s'était fait de la réclame avec son livre, ils se chargèrent de remettre les choses au point.

Dans l'analyse de ces deux opuscules nous ferons grâce au lecteur des discussions puériles qui s'y rencontrent, comme dans tous les ouvrages de médecine de l'époque, à propos des doctrines et des méthodes des maîtres de l'antiquité que les esculapes du dix-septième siècle prenaient pour guides et dont ils invoquaient sans cesse l'autorité.

La *Réfutation* de Mᵉ de Beaufort parut la première (1). Elle est dédiée au ministre de la guerre Michel Le Tellier que l'auteur avait connu pendant la campagne de 1640-1642, étant médecin de l'armée royale, tandis que Le Tellier était intendant de Piémont.

En voici le début :

Le petit livre de Jean Charpentier ressemble à ces grands temples de l'Egypte dont l'extérieur estoit superbe et orgueilleux, mais le dedans n'estoit rien qui vaille et ne s'y voyoit que l'image d'un chat ou d'un singe. Le titre et le commencement de son livre est spécieux et a quelque parade, mais plus avant il ne s'y rencontre que des contradictions, impertinences, faussetez et impostures.

(1) *Réfutation du Discours fait par Jean Charpentier sur la Réunion de la Médecine et de la Chirurgie, par le Sieur Ant. de Beaufort, Médecin du Roy.* — A Sedan, par Jean et Pierre Jannon, imprimeurs de l'Académie. MDCXXXXVI. *Avec permission de Monsieur le Gouverneur*, in-4° de 14 pages (Bibl. nat., T ¹ ⁸, 41).

Cette « réunion de la médecine à la chirurgie », que Charpentier croit avoir trouvée, a toujours existé, car tout médecin est « éminemment chirurgien » quoiqu'il n'en porte pas le titre, comme « au nombre de quatre celuy de trois est compris sans être nommé ».

Quant à prétendre que la chirurgie doive être étudiée avant la médecine, c'est une hérésie :

S'il faut parvenir comme il est devenu médecin, par les opérations, ce sera à rebours, contre l'ordre et la raison, et ce ne sera un médecin, mais un empirique : la beste sera bridée par le queue. Aussi, dans la Faculté de Montpellier et autres, pour réfréner et punir l'audace de ces glorieux barbiers qui ont l'effronterie de prendre les degrez de médecin, lorsqu'ils y sont cognus ils en sont exclus. *Ne sutor ultra crepidam* (1).

Puis vient un portrait peu flatté de son adversaire.

Pour cognoistre ce personnage qui est venu en ce siècle pour faire seul toutes les parties de la Médecine, ayant fait quelques classes à Sedan, il a esté à Victry, chez un maistre chirurgien, où, après avoir demeuré quelque temps, a couru la campagne : depuis, il s'est venu retirer en cette ville où estant reçeu maistre chirurgien, il a exercé son art, en quoy il est bon cajoleur, et s'est insinué par ce moyen aux bonnes grâces de quelques-uns... Enfin il est devenu si insolent que d'avoir la vanité de se faire recevoir médecin : et pour ce s'en seroit allé à Montpellier, d'où ayant esté obligé de se retirer, il est venu surprendre la Faculté de Valence d'où il a rapporté des lettres : tellement qu'il a mis pour son voyage et pour faire tout son cours en médecine environ deux mois.

Les opinions audacieuses émises par Charpentier sont combattues l'une après l'autre dans une discussion étayée de citations grecques ou latines d'Hippocrate, de Galien, de Celse, de Fernel et même... d'Homère ! Notre docteur tient surtout à établir que si le médecin ne pratique pas lui-même les opérations ce n'est pas par incapacité. « Il n'y a point de doute que comme un ingénieur a l'œil sur le travail et y peut mettre la main, le médecin peut mettre la main à l'opération tant de chirurgie que de pharmacie, en cas de nécessité, et non pas pendre bassin et avoir tousjours la main dans l'onguent, l'ulcère et le pus. Le plus peut faire le moins : mais le retour ne vaut rien... »

Quant à Charpentier, qui n'a ni étudié la philosophie ni suivi

(1) Que le cordonnier fasse la chaussure *(chacun son métier)*.

les leçons des régents de la Faculté, son ignorance est manifeste. Elle éclate dans son livre. Et d'abord :

Il ne faut pas laisser passer cet endroit où il fait paroistre qu'il est arracheur de dents. C'est en l'histoire de la blesseure de M. le Marquis de Roquelaure où il met que les playes ne sont pas viandes à médecin et que la modestie l'empesche de dire ce qu'il fit.

Nous sommes icy deux médecins et deux chirurgiens (M¹¹ Poilblanc, le médecin et le chirurgien (1), et Marchand) qui avons traitté ledit Marquis en sa blesseure, qui sçavons bien que Charpentier voulant guérir avec des bandages la cuisse dudit Marquis, où il y avoit enfleure et inflammation, M¹¹ les médecins de Paris estans scandalizés de ses paroles violentes et irraisonnables, dirent qu'ils ne se rencontreroient plus à aucun lieu où il seroit : tellement que nous autres de ceste ville, consultans par ensemble, où estoit ledit Charpentier qui obstina pour le bandage, ce qui fut désapprouvé par les autres parce que l'inflammation auroit peut-estre causé de fort mauvais accidens, il fut résolu qu'on appliqueroit des remèdes contre l'inflammation, lesquels le Sieur Marchand alla quérir chez luy, qui furent appliquez et dont le malade fut soulagé. Et le Sieur du Puy, chirurgien de Cour, estant venu pour ce sujet, approuva ce remède et blasma l'opinion pour le bandage.

En suite de cet exemple, il devroit encore citer ceux de M. le Curé de Francheval (2) et du Sieur Desrosiers de ceste ville. Le premier ayant reçeu un coup trois doigts au dessus du carpe et ayant encor le maniement de sa main et de ses doigts, sans tenter autre remède, sans prendre advis ni consultation, il luy coupa le bras.

L'autre, Desrosiers, estoit debout, travailloit à sa boutique, se plaignant d'avoir l'estomach un peu chargé pour avoir fait quelque petite desbauche. Sperlette, l'apothicaire, luy avoit dit qu'il luy donneroit, le lendemain, une douce purgation. Charpentier survenant, promit de luy donner son fait : et, prévenant l'apothicaire, alla chez luy quérir une potion qu'il luy fit avaler ; laquelle ne fust pas plustost dans l'estomach que son corps devint froid et estant continuellement agité de superpurgation haut et bas, et se plaignant que Charpentier luy avoit donné de quoy le faire mourir : enfin par aucun remède il ne put trouver de soulagement et fut ravy de ce monde. Sa femme ayant, avec le doigt, considéré ce qui estoit resté dans le gobelet et une goutte estant tombée sur son sein, il s'y fit un escart, et ayant approché son doigt de son œil elle en pensa perdre la veüe.

Voilà celuy qui en sa personne réünit la médecine, la chirurgie et de plus la pharmacie : il fait plus, luy seul, qu'Ulysse et Diomède ; on diroit autant de sa précipitation, témérité et ignorance que Homère disoit de l'indignation d'Achille !...

---

(1) *Samuel* Poilblanc (né vers 1576 † 26 avril 1651), chirurgien ordinaire du duc de Bouillon, charge qu'avait déjà remplie son père *Jean Poilblanc-Vivier*. Il a épousé, le 6 février 1605, Claude Josteau, originaire de Châlons-sur-Marne. Leur fils *Abraham*, également chirurgien, s'est fixé à l'Echelle (arr. de Rocroi), où il exerçait encore en 1668. (*Reg. des bapt., mar. et sépult. de l'Egl. réf. de Sedan*).

(2) Cant. sud de Sedan.

A Sedan, ajoute de Beaufort, « où il y a de très bons médecins, des apothicaires fidèles et capables, des chirurgiens bien expérimentés, lesquels surpassent Charpentier en sçavoir, en diligence et en prudence, est-il de besoin que ces arts bien distincts pour le service du public soient confondus et brouillés par un téméraire ? Ce seroit rappeler un chaos. »

Mais l'auteur ne désespère pas de l'avenir, et, en guise de conclusion, il traduit cette confiance par une aimable flatterie adressée, à la fois, à Louis XIV, qui venait de réunir sous son sceptre la principauté de Sedan, et au marquis de Fabert, gouverneur nommé par Sa Majesté :

De même que dans les mauvaises et malignes constellations et perverses constitutions des temps, les mauvaises herbes croissent et prévalent par dessus les bonnes, et, qu'après la chaleur du soleil, les bonnes, reprenans vigueur, surmontent et estouffent les mauvaises, de même cette origine de confusion ayant commencé lorsque cet Estat estoit affligé par un mauvais aspect d'une planète maligne qui nous a causé des troubles et de la guerre, maintenant que le soleil de France nous verse et envoye en abondance la douceur de ses rayons par le Gouvernement de Monsieur de Fabert, ces confusions et désordres seront dissipez, les règlemens mieux observés en cet Estat sous la conduite d'un autre Salomon, en sapience, Ulysse et Diomède en conseil et expérience et un second Hercule pour estouffer l'Hydre de trouble, de discorde et de confusion.

*
* *

La *Response* de Mᵉ David Hamal (1) ne le cède en rien en violence à la précédente. Chose singulière : à cette époque où il était d'usage entre médecins de s'adresser, le plus gravement du monde, des éloges d'une exagération comique, des compliments d'une outrance ridicule, ils n'hésitaient pas, dans les polémiques avec leurs adversaires, à employer les plus vulgaires injures.

« Cette Response, déclare Hamal dans sa dédicace à M. de Fabert, n'est enrichie ny d'éloquence ny d'ornements empruntez des langues estrangères, mais vestüe à la légère de la naïfveté de nostre langue afin qu'elle se puisse donner à entendre à un chacun. »

(1) *Response au Discours de Jean Charpentier intitulé Réünion de la Médecine et de la Chirurgie, par D. Hamal, médecin. — A Sedan, de l'Imprimerie de Hubert Haoult. MDC·XLVI, avec Approbation de Messieurs les Modérateurs,* in-4° de 23 pages. — Bibl. nat., T¹ ⁸, 40).

Son confrère de Beaufort ayant omis « d'esplucher » à fond le livre de leur adversaire dans la crainte d'être trop long, il tient à compléter son travail pour permettre au public de « mieux cognoistre les conditions et qualitez de Charpentier par la qualité de son œuvre, tout de mesme que l'on recognoist la qualité d'un arbre par la qualité de ses fruicts ».

Tout d'abord, il admet volontiers qu'un lien intime unit étroitement la médecine à la chirurgie « en raison de leurs théorèmes, préceptes et leur fin commune qui est le restablissement de la santé ». C'était aussi l'opinion de Celse. Mais s'ensuit-il que l'on doive « allier les opérations de la main à celles de l'entendement ? »—« Ja n'advienne, ajoute-t-il dédaigneusement, que je face des mariages si desraisonnables et que je mette les Suivantes au mesme rang que les Maistresses ». Cela veut dire simplement « que l'acquisition de la science médicale donne la possession de l'autre et que qui est bon médecin est bon chirurgien ».

Voici les raisons péremptoires qui ne permettent pas à un chirurgien de faire de la médecine :

Premièrement, puisque les reiglements des Empereurs et des Rois, à qui nous devons tout honneur, obéissance et submission, le défendent expressément, il y auroit outrecquidance et témérité de vouloir aller à l'encontre ; de plus, les arts libéraux n'ont point de commerce avec les méchaniques, et seroit aussi honteux au médecin d'exercer les opérations manuelles, sans nécessité, qu'à un gentilhomme de faire les fonctions d'un roturier. En outre, le traitement des maladies qui eschoyent au chirurgien ne peut permettre la cure des maladies qui tombent au médecin, estant tout à fait dangereux pour un malade de maladie interne qui le rend disposé à recevoir l'impression de toute qualité mauvaise, qu'un qui auroit manié des ulcères escroüelleux, chancreux, pestilentiels, ayant les doigts chargez de la matière et du sang qui sort des susdits ulcères, vinsse luy tater le poux, manier les hypochondres et porter les mains à la région du cœur. Enfin, l'homme estant la créature la plus noble que Dieu aye mis au monde, mais le plus infme et maladif de tous les animaux, il a esté absolument nécessaire de partager les opérations des deux arts afin qu'il puisse estre mieux secouru et assisté en ses indispositions, les sens de l'homme ne pouvant s'appliquer à plusieurs choses qu'imparfaitement, et, comme dit Aristote, un seul ouvrage se fait bien par un mesme homme au lieu que très précipitément il faudroit traitter les malades si l'on s'appliquoit à divers exercices, et qu'ainsi l'Estat souffriroit en ses membres.

Charpentier a osé prétendre, à l'appui de sa thèse, que le médecin qui n'opère pas personnellement ressemble à un corps estropié ; mais il l'entend mal.

Celui-là n'est pas estropié qui a la puissance d'agir. Quoique le médecin ne fasse point les opérations, il ne ressemble pas à un corps estropié puisqu'il a la puissance de les faire ou de sa main ou par la main de ses ministres. Et j'ose dire que par ce dernier moyen il agit plus que celui-là mesme qui met la main à l'œuvre puisque c'est par son conseil et sa prudence qu'elle est menée et conduite. Ainsi attribuë-t-on à un ingénieur la bonté, beauté et perfection d'une fortification et non à ceux qui en ont remué la terre et les matériaux ; un architecte remporte la gloire de la structure d'un bastiment qui a esté construit par son adresse quoy qu'il n'aye en rien opéré de la main.

Après avoir longuement établi la « prééminence » de la médecine sur la chirurgie et montré que les grands médecins de l'antiquité et du moyen-âge ont dédaigné le travail manuel, Hamal termine son factum par une sortie virulente contre son malheureux confrère.

« Je ne puis plus avoir de charité pour luy, s'écrie-t-il ; son arrogance insupportable et ses odieux mensonges remuent ma plume pour descouvrir son ignorance ». Et il cite une série de faits de nature à « désabuser le peuple de l'opinion qu'il lui auroit donnée par ses charlataneries ».

Ce sont d'abord les cas de Desrosiers, du curé de Francheval et du marquis de Roquelaure ; puis celui d'une femme qu'il accoucha si maladroitement « avec ses mains plus propres au mestier dont il porte le nom » qu'à celui d'accoucheur, « qu'elle devint, par abondance de vents, comme hydropique et lui survint une fièvre et un flux de ventre qui l'emportèrent au bout de onze jours ».

Il continue :

Trois médecins d'icy, croyans quelque chose de ses vanteries, luy confièrent, il y a cinq ou six ans, l'ouverture des parties externes du bas ventre pour donner remède à un pauvre malade demeurant derrière l'Eglise ; mais comme il a la main pesante, il coupa et la peau et les muscles et le péritoine et le boyau, en suitte de quoy le malade mourut deux jours après.

Et l'enfant de Marthe Charlot : il a fait paroistre une ignorance sans exemple bandant la jambe saine dudit enfant et laissant sa cuisse rompüe sans remède.

Enfin, il y a dix ou douze jours que, suivant son outrecuidance et présomption ordinaires, à l'insçeu et sans l'advis de Messieurs Poilblanc, médecin, et Marchand, chirurgien, qui voyoient l'enfant du sieur Gonsal né avec une closture du fondement, il travailla à luy ouvrir, mais avec un tel succez que l'enfant mourut neuf ou dix heures après.

Ce ne seroit jamais fait qui voudroit estaller tous les erreurs qu'il a commis en sa practique ; et peut-on dire avec vérité que cest Archagathus, qui fust chassé de Rome pour la cruauté de ses opérations, n'a jamais esté ny si téméraire ny

si barbare que luy. Il n'y a lieu en cest Estat où les plaintes de sa cruauté et témérité ne retentissent...

Néanmoins, avec une vanité insupportable et digne des Petites Maisons de Paris (1) il s'accompare aux gros fleuves qui portent des grands fardeaux et se donne la vanité d'avoir acquis toutes les parties de la médecine, d'avoir la prudence d'Ulysse et l'adresse de Diomède : mais certes, jamais Ulysse ny Diomède n'ont logé chez luy ; il n'a point eu d'apprests assez bons pour les recevoir ; et est plustost semblable aux vieux asnes qu'aux gros fleuves, qui, par le manquement de leurs jambes, ne sont capables que de légers fardeaux ; car les jambes sur lesquelles Hippocrate veut que marche le médecin, sçavoir la Théorie et l'Expérience, sont très foibles en luy et luy ostent le pouvoir de porter les fardeaux pesants de la médecine et de la chirurgie ; et se trouvera toujours assez empesché aux fonctions les plus aisées de la chirurgie. Si bien que comme nous avons juste sujet de requérir, pour le bien du Peuple, qu'il rengaine la plume et retienne le canif, aussi l'avons-nous d'estre entièrement persuadés de l'obtenir de l'équité et justice de Celuy soubs la favorable et douce conduite duquel nostre Roy très chrestien nous a commis.

* *

En dépit de tous ces beaux arguments, la Faculté ne vit point triompher ses efforts. A la date du 1er août, le bailli rendit sa sentence qui la déboutait, en grande partie, de ses prétentions.

Sur le fond du procès, la sentence maintenait Charpentier dans sa profession de médecin tout en l'autorisant à pratiquer les opérations chirurgicales importantes : seules, les menues opérations de petite chirurgie, jugées indignes d'un docteur, lui étaient interdites pour l'avenir, ainsi que le fait de tenir boutique ; cependant il était autorisé à occuper celle-ci jusqu'à ce que son fils aîné eût terminé son cours de chirurgie.

Quant aux injures et diffamations réciproques des parties, le magistrat faisait une distinction : il condamnait Charpentier à une amende envers le roi en raison de ses scènes scandaleuses ; mais, comme les quatre plaignants les avaient provoquées par leur attitude agressive, il déboutait ceux-ci de leur demande en réparation et mettait tous les dépens du procès à leur charge.

Enfin, spécialement, les Srs de Beaufort et Hamal, coupables d'avoir publié les pamphlets outrageants qu'on vient de lire,

(1) Ancien hôpital de fous, à Paris, qui tirait son nom des cabanons ou cellules où étaient logés les malades.

étaient condamnés à faire réparation d'honneur à leur adversaire et contraints de déclarer publiquement qu'ils le tenaient pour homme de bien.

Cette décision ne contenta personne ; les deux parties interjetèrent appel immédiatement au conseil souverain.

Devant cette nouvelle juridiction, Hamal et de Beaufort protestent contre la réparation d'honneur à laquelle ils sont astreints. On a oublié que le procès n'est pas dirigé contre eux mais contre Charpentier. « Il est hors de raison de condamner des personnes contre lesquelles n'y a aucune information et par conséquent point de défenses ».

Au surplus, le reproche de la sentence à leur endroit est immérité ; Charpentier les a forcés par ses défis à publier leurs livres, « ayant mesme, depuis un mois devant le jugement, fait, leu et publié contre eux d'autres écrits en plein carrefour, par toute la ville, accompagnés de brocards et dictums injurieux, lesquels écrits sont venus jusques à Messieurs du Conseil et jusques à Messieurs les Gens du Roy ». Après tant de calomnies se peut-il que l'intimé reste en quelque sorte impuni, bien plus, qu'il soit « récompensé par une réparation d'honneur ! »

Sur le chef relatif à l'exercice des deux professions, qu'on lui accorde « soubs quelques paroles captieuses », les quatre docteurs s'en réfèrent aux motifs qu'ils ont développés en première instance. Mais pourquoi lui laisser sa boutique jusqu'à ce que son fils ait terminé son cours ? « La justice doit-elle rester en suspens jusque-là ? Et si ce jeune homme, dans son apprentissage, ne sait se rendre capable de faire chef d'œuvre et passer maistre, le désordre demeurera-t-il tellement qu'il faudra que l'ordre et la justice dépendent de sa capacité ou incapacité, contre la teneur des réglemens qui n'admettent toutes ces distinctions et subtilités captieuses ? »

L'avocat général Petison, auquel ces conclusions furent communiquées à la date du 3 août, les trouva fondées sur de bons arguments et déclara s'y associer.

Charpentier signifia ses défenses quelques jours après. C'est

la seule pièce de sa procédure qui subsiste. Il commence par
critiquer le pourvoi de ses adversaires :

> On remarque assez par la lecture des griefs des appelans contre la sentence,
> qu'ils n'ont eu autre sujet de les escrire que le plaisir qu'ils prennent de répéter
> les blasmes et les calomnies dont ils ont desjà rempli le procès, la ville et le pays.

La simple condamnation aux dépens des Srs Poilblanc est
dérisoire, car « leurs escritures au procès sont de mesme estoffe,
de mesme trempe et mesme boutique » que les libelles de
Beaufort et d'Hamal. Au surplus, ils ont fait usage, eux aussi,
de ces libelles dans la cause, et, par suite, « comme fauteurs ne
diffèrent en rien des autheurs desdits escrits », selon l'adage :
Agentes et consentientes pari pœnâ puniuntur (1).

Mais que dire de l'appel formé par Hamal et de Beaufort !
« Cela semble monstrueux, veu qu'il n'y a nulle proportion entre
l'atrocité de leur crime et la simple réparation d'honneur à
laquelle ils sont tenus. » Le livre de l'intimé n'avait rien de
provoquant, « jamais il n'y eust rien de plus innocent que ce
livre », où il a simplement exprimé ses sentiments en citant, à
l'appui, certains textes tirés des plus célèbres auteurs, « de sorte
qu'on ne l'y peust blasmer sans condamner toute la science et la
doctrine ». Au lieu de le réfuter en puisant à la même source, ils
l'ont injurié, diffamé, déchiré par les seuls mouvements de l'envie.

> Belle réparation, par conséquent, que celle de cette sentence envers l'intimé
> qui, pour preuve de son honneur, ne réclame que ce que la renommée prône
> partout de sa franchise, de son intégrité, de sa fidélité, de sa charité, de ses
> déportemens innocents et de sa capacité ; et conséquemment beau grief pour
> les appelans que, pour la calomnie et la ruine d'un homme de ceste estime et
> d'un si haut mérite, ils soient tenus de déclarer en trois paroles qu'ils le tiennent
> pour homme de bien....
>
> Il est certain qu'au lieu de se plaindre d'un jugement si modéré, voire mesme
> si absurde, ils avoient tout sujet de se prévaloir d'un traitement si favorable.
>
> C'est contre ces détestables libelles et escritures diffamatoires que l'intimé a
> présenté et réitéré ses très justes et très sensibles plaintes dont il attend de
> vostre justice souveraine la réparation condigne.

Quant au fond de l'affaire, c'est-à-dire la profession de l'intimé,
tout ce qu'on allègue au sujet de sa mauvaise foi, de sa malice et
de sa témérité professionnelle est une pure calomnie, et il serait
vraiment incompréhensible qu'on lui interdît la médecine, à lui
« si hautement approuvé par ses emplois et si puissamment fondé

(1) Les auteurs (du délit) et ceux qui s'y associent sont punis de la même peine.

en l'exercice honorable de son tiltre, aux applaudissemens de tous, dans les conférences, les consultations, les réceptions d'apothicaires et de chirurgiens et autres assemblées publicques d'où il est tousjours sorti comblé de louanges... »

N'importe que M. l'Advocat général, à la fin des prétendus griefs des appelans, ait escrit et soubscript qu'il se joignoit à eux et adhéroit à leurs conclusions. Mais l'intimé s'assure que cet advantage de ses adversaires n'empeschera pas la balance de demeurer droite et ferme entre les mains de la Justice pour la faire pencher du costé de la raison.

* *

Avant l'audience, on procéda au remplacement de plusieurs membres du conseil souverain qui, vraisemblablement, avaient déjà connu de l'affaire en première instance (1). Dans ce but, à la date du 11 septembre, les plaideurs présentèrent des listes de jurisconsultes sur lesquelles le conseiller Pierre de Chadirac arrêta les noms suivants pour compléter la cour : du côté des appelants, MM. Lefebvre, avocat en parlement à Grenoble et professeur de droit à l'académie de Sedan ; Robinet et X*** (2), avocats en parlement à Mouzon. Du côté de l'intimé, MM. Cauchou, procureur général du duc de Mantoue, à Charleville ; Petit, juge de Chémery, et X*** (3).

L'affaire fut plaidée quelques jours après. Cette fois encore, l'éloquence de Me Paul Ostome, avocat des docteurs, fut impuissante à faire triompher leur cause. Le texte de l'arrêt n'existe plus, mais nous en savons le résultat. Il confirmait la première décision dans ses dispositions essentielles, estimant, comme elle, qu'une sage interprétation des règlements démontrait que, si la profession et la dignité du médecin étaient incompatibles avec la tenue d'une boutique et avec les vulgaires opérations de petite chirurgie telles que la saignée, la pose des sangsues ou des ventouses, la coupe des cors, celle de la barbe, l'extraction des dents, en revanche un docteur pouvait, sans déroger, soigner de sa main une blessure notable, ou exécuter par lui-même les « grandes et extraordinaires opérations ».

C'est ainsi que, grâce à sa résistance énergique, notre médecin-

(1) La plupart des membres de ce conseil faisaient, en effet, partie également du bailliage et y siégeaient dans certains litiges importants.
(2) Le nom a été enlevé par une moisissure du papier.
(3) Même observation.

chirurgien en fut quitte pour abandonner ses rasoirs et sa boutique à son fils Elie, lequel, d'ailleurs, devint, par la suite, un habile praticien et fut *lieutenant du premier chirurgien du roi*, à Sedan, charge qui le plaçait à la tête de sa corporation dans la principauté (1).

* *

Vingt-six ans après, Charpentier publiait un curieux petit volume, sous le titre de *L'Estat présent de la Chirurgie* (2), où l'on retrouve, amplement développées, ses anciennes opinions. Il y rappelle, sur un ton railleur, la querelle qu'elles lui avaient suscitée jadis avec ses confrères :

Quand j'ay voulu parler autre-fois (dit-il) de cet injurieux divorce *(entre médecins et chirurgiens)*, mon Discours de la Réünion de la Médecine et de la Chirurgie ne fut pas plutost imprimé qu'aussitost les furies, les démons, les airs, les éclairs, les tonnerres, tout se mit en campagne ; et si ce n'eust esté une certaine Providence qui me mit à l'abry de mes propres lauriers, leur foudre en un moment m'auroit écrasé et mis en poussière ; mais cette tempeste ne fut que comme une gresle qui tombe sur les toicts, laquelle fit plus de bruit que de mal.

Au surplus, il ne désapprouvait pas la décision de la justice à son endroit :

Que Messieurs nos Médecins, si je fais quelque opération en des choses ardües et extraordinaires et en cas de nécessité, ne m'accusent pas de faire aucun désordre, veu que maintenant ce n'est plus comme du passé que je tenois boutique et serviteurs. Il y a long-temps que j'ay quitté ces traces comme chose à la vérité un peu au dessous de la dignité d'un Médecin. Mais, de faire une belle opération, de secourir un homme dans le besoin, je soutiens qu'en cela il n'y a rien de dérogeant.

Empressons-nous de dire combien était injuste le portrait qu'avaient tracé de lui ses adversaires pour la bonté de leur cause. Si le docteur Charpentier ne se ménageait pas les éloges,

---

(1) Il est né en 1628 et est décédé le 18 mai 1675.

(2) *L'Estat présent de la Chirurgie où il est parlé en suite de la préséance du Chirurgien et de l'Apothicaire*, par Jean Charpentier, docteur en Médecine et Mᵉ Chirurgien ; Imprimé à Sedan et se vend à Paris chez Jean d'Houry, à l'Image S. Jean, sur le Quay des Augustins, M·DC·LXXII, avec permission des Supérieurs. En tête du volume sont des épigrammes en vers latins du savant Jacques du Rondel, premier régent et professeur en éloquence au collège de Sedan, et des chirurgiens sedannais Pierre de Lambermont et Abraham Bauda. — Une seconde édition, imprimée à Sedan, chez Guillaume de Meerbec, a paru en 1674, « *augmentée d'un Corollaire où sont marquez divers abus qui se commettent aujourd'huy dans la Médecine, au préjudice de la vie et de la santé des hommes, ce que chacun doit être curieux de sçavoir pour s'en donner de garde* ».

il ne manquait pas non plus de mérite, et, bien qu'il soit resté jusqu'ici complètement oublié, il a certainement joui d'une haute estime parmi ses concitoyens pendant sa longue existence (1). Le premier chirurgien du roi, le savant François Felix, garde des statuts et privilèges des chirurgiens du royaume, rendant hommage à son caractère, lui confia, en 1672, une enquête sur les abus qui se commettaient, en diverses provinces, dans l'exercice de leur profession.

D'autre part, sa ville natale a reçu de son intelligente initiative des services qu'il signale lui-même en ces termes dans l'ouvrage qui vient d'être cité :

Je suis assez glorieux d'avoir fait pour le bien de ma Patrie qu'en une petite ville comme Sedan il se rencontre des secours qu'on ne trouve pas ailleurs. O ma Patrie, si nous avions conté ensemble, de combien me serois-tu redevable ! Solon, l'un des sept sages de la Grèce, et peut être le seul sage des sept, disoit qu'une République estoit conservée en bon estat par la récompense qui se donnoit aux actions de vertu et par la punition qui se faisoit des crimes. Quant à moy, la récompense sur quoy j'eusse jetté les yeux ce n'est ny or ny argent ; les actions de vertu sont trop nobles d'elles-mêmes pour rechercher un autre loyer que leur propre valeur ; c'eust esté piutost, ce qui aussi m'avoit esté promis, d'estre le Médecin de l'Hospital qu'on devoit établir en cette ville et dont elle a grand besoin, afin de pouvoir rendre conte de mon talent à celuy de qui je le tiens (2).

Il a combattu certains abus de nature à compromettre la santé publique. Les lieutenants du premier chirurgien du roi, qui se laissaient corrompre et accordaient la maîtrise à des aspirants indignes et ignorants, n'ont pas eu de plus sérieux adversaire. Il déplorait l'intrusion trop fréquente dans la pratique médicale de personnes étrangères. A propos des Sœurs grises qui s'occupaient de médecine aussi bien que de pharmacie et de chirurgie, dans un but de charité très louable en lui-même, mais au péril des malades, il s'écriait :

Le remède à ce désordre-là Dieu vient de me le mettre au cœur. Oui, je m'offre aujourd'huy de toute mon âme à seconder leurs bonnes intentions, à voir leurs malades, à les instruire des remèdes familiers et utiles qu'elles

(1) On le trouve ordinairement qualifié, dans les actes, de *noble homme* ou *honorable homme*, titres qui se donnaient aux personnes les mieux considérées.
(2) Une déclaration royale avait décidé, en 1662, « qu'en toute ville et gros bourg du royaume il serait procédé incessamment à l'établissement d'un hôpital-général pour les besoins des pauvres », mais les faibles ressources des Sedanais s'étaient opposées à la réalisation de ce vœu. Ce n'est qu'en 1696 qu'un don particulier permit l'établissement, au faubourg de la Cassine, d'un hôpital qui, depuis, s'est développé considérablement, jusqu'à nos jours, sous le nom d'*Hôtel de la Miséricorde*.

pourront préparer, à leur en enseigner l'usage et à faire moy-même ce qui
passera leur capacité, enfin à estre effectivement et par œuvre le Médecin
charitable. Que si je n'ay pas donné aux pauvres aussi abondamment que je
l'ay dû faire, les premiers fruits de mon champ, je leur en présente aujourd'huy
les derniers, plus doux, plus meurs et plus savoureux : les ordonnances des
Médecins sont de ces fruits qui sont meilleurs en l'arrière saison. Après avoir
vécu et vieilli parmy les épines des Philosophes, dans les exercices des Acadé-
mies, dans les théâtres des dissecteurs, dans les conversations des sçavans,
dans les fréquentations des Hospitaux, dans les suittes des armées, dans les
dangers de la pestilence, dans les voyages aux païs estrangers, dans quantité de
beaux emplois qui m'ont acquis, sans vanité, assez de réputation, le tout sans
intermission par l'espace de plus de soixante ans, enfin je veux aller jusqu'au
bout ; et de même, comme dit Aristote, que ceux qui courent, quand ils se
voyent près du but, redoublent de courage et réveillent leur vigueur, de même
aussi, approchant de la fin de ma carrière, je veux ranimer mes esprits et
m'employer à mon devoir avec plus de diligence et d'assiduité que jamais...

Enfin, notre docteur s'est appliqué à ouvrir les yeux de ses
naïfs concitoyens sur les agissements d'une bande de charlatans
qui les exploitait sans merci : « la tante de la Fueille », la « dame
du Canon rompu », le « savetier de la Faveur », la femme Thiébaut, de Pouru-aux-Bois, et un certain « inspecteur d'urines qui
n'avoit point de plus fréquent remède, pour toute sorte de
maladies, que de faire saigner sur la main ». Comme si, s'écrie
Charpentier, la même veine n'était pas aussi bonne à ouvrir au
pli du coude qu'au-dessus du pouce ! Mais « le peuple de Sedan
est si ductile et si facile à persuader » que cet imposteur, sans
obtenir la moindre cure dans la ville, « n'a pas laissé d'en
emporter, en moins d'un mois, plus de cent pistoles, tous frais
faits ».

Quant à la femme Thiébaut, établie à Sedan en 1673, elle se
vantait « de n'entreprendre que ce que les médecins et les chirurgiens avaient abandonné ». A la fin, ses duperies « ont obligé
le Sacré Collège des Médecins à la faire venir en Justice pour luy
estre défendu d'exercer ses exactions et se voir interdire de faire
la médecine ; à quoy elle a esté condamnée et à sortir de la ville
dans trois jours, à peine de prison ».

Pour compléter la biographie du docteur Charpentier disons
qu'il est mort âgé de plus de quatre-vingts ans. Il avait eu cinq
fils et trois filles (1) de ses mariages successifs avec Esther
Meurier († 1635) et Elisabeth Cloteau. Trois de ses fils ont été

(1) Nous ne parlons que des enfants qui ont vécu.

chirurgiens : *Elie,* dont il a été question plus haut, *Frédéric* et *Jean;* le quatrième, *François,* était apothicaire, et le dernier, *Jérémie,* maître orfèvre. A la révocation de l'Edit de Nantes, ils ont suivi le flot d'émigration qui a emporté une grande partie de la population sedanaise à l'étranger, et se sont dispersés tant en Hollande qu'en Allemagne.

Quant à sa fille aînée, *Suzanne* (née en 1624), épouse de l'anglais James Marler, de Manchester, qui était venu s'établir comme marchand à Balan (1), où il résidait encore en 1665, elle a abjuré la religion réformée, en 1679, dans l'église Saint-Laurent de Sedan, en même temps que sa sœur *Marguerite* (2).

(1) Cant. sud de Sedan.
(2) *Reg. des bapt., mar. et sépult. de l'Egl. réf. et de l'Egl. cath. de Sedan. — Minutes des notaires.*

Sedan. — Imprimerie Emile LAROCHE, rue Gambetta, 22.

233

www.ingramcontent.com/pod-product-compliance
Lightning Source LLC
Chambersburg PA
CBHW031417220326
41520CB00057B/4634